LES

MENACES DES GUERRES FUTURES

ET LES TRAVAUX DE JEAN DE BLOCH

BIBLIOTHÈQUE PACIFISTE INTERNATIONALE

LES MENACES DES GUERRES FUTURES ET LES TRAVAUX DE JEAN DE BLOCH

PAR

P. NATTAN-LARRIER

Avocat à la Cour d'Appel de Paris

PRÉFACE

de A. d'ARSONVAL

Membre de l'Institut, professeur au Collège de France

PARIS (5e)

V. GIARD & E. BRIÈRE

Libraires-Éditeurs

16, RUE SOUFFLOT, ET 12, RUE TOULLIER

1904

PRÉFACE

—

M. Nattan-Larrier aura bien mérité des amis de la paix, en résumant dans ces quelques pages les idées si justes de Jean de Bloch.

Il est absolument démontré qu'en dehors de toute considération sentimentale ou humanitaire, la guerre aujourd'hui ne peut être qu'un désastre, aussi bien pour le vainqueur que pour le vaincu.

D'autre part, les progrès continus de l'armement, dus aux découvertes de la science, rendent toute prévision absolument impossible même, et peut-être surtout, pour les gens du métier. A ce point de vue il n'existe aucun lien entre le passé et le présent, et encore moins entre le présent et l'avenir. L'automobilisme, la télégraphie sans fil, etc. modifient la tactique dans des sens qu'on ne saurait prévoir.

Et que deviendront tous les moyens d'attaque ou de

défense actuels le jour où la science aura réalisé la conquête de l'air, jour qui n'est peut-être pas très éloigné?

J'ai une médiocre confiance, je l'avoue, en l'appel fait aux sentiments généreux des hommes pour assurer la paix universelle. Je compte beaucoup plus, pour atteindre le but, sur les découvertes scientifiques, d'une part, et surtout sur la propagande faite pour démontrer aux peuples, avec chiffres à l'appui, qu'une guerre, quelque brillante qu'elle puisse paraître, est toujours une diminution du bien-être général et pour le présent et pour l'avenir.

A ce point de vue, nul plaidoyer n'est plus éloquent que les faits et les chiffres donnés par Jean de Bloch.

Il était nécessaire que ces idées fussent portées à la connaissance du grand public en termes précis et concis. C'est la raison d'être des quelques pages qu'on va lire.

Dr D'ARSONVAL.

LES MENACES DES GUERRES FUTURES
ET LES TRAVAUX DE JEAN DE BLOCH

CHAPITRE PREMIER

—

LA GUERRE ET LES TRAVAUX DE JEAN DE BLOCH

Quand le régiment défile dans les faubourgs, et qu'on voit les officiers caracoler en avant des soldats, sabre au clair et plumet au vent, les gamins, qui tout-à-l'heure jouaient dans les rues ou dans les cours, se pressent au bord du trottoir ; les femmes se penchent à leur fenêtre, les hommes sortent des ateliers, et tandis que les pas se scandent sur le pavé, dans les esprits ébranlés par les fanfares, reparaissent des souvenirs, souvenirs de jeux, souvenirs d'école, souvenirs de jeunesse ; les strophes des poètes chantant les marches triomphales, à travers l'Europe écrasée, les tableaux des musées, les illustrations des journaux qui montrent les soldats s'élançant à l'assaut, ivres de joie et de fureur et les spectacles brillants du cirque ou du théâtre, avec l'air martial des grands capitaines et les nombreux figurants sous les cuirasses miroitantes.

Les mêmes images se heurtent dans l'esprit du soldat, qui redresse le buste, malgré la lourdeur de sa charge et la fatigue qui l'oppresse ; lui aussi, il rêve de grands exploits. Ce groupement d'hommes vigoureux tous tendus vers un but unique, lui donne l'idée d'une force invincible, qui s'ajoute à la sienne et s'identifie avec lui-même. Sans doute il souffre du manque d'initiative ; la vie qu'il mène à la caserne l'étouffe ; même pendant les manœuvres, il se sent ballotté, poussé de l'un à l'autre ; non seulement il agit sans savoir, en aveugle, mais il devine que ceux qui dirigent ne comprennent pas davantage, malgré leurs efforts ; que l'ordre, bien souvent, ne s'explique pas, et que le contre-ordre ne s'explique pas mieux ; que malgré une bonne volonté admirable, malgré une obéissance absolue, c'est une entreprise au-dessus des forces humaines de conduire des milliers d'intelligences, de diriger d'immenses armées.

Il se demande quelquefois comment les évènements

marcheraient, si ces combinaisons n'étaient pas factices, si les fusils étaient chargés de balles, si le gîte du soir n'était pas connu d'avance, si on opérait en pays ennemi, ou dans un pays occupé par l'ennemi ; mais la plupart du temps il ne s'interroge pas, et lorsque des préoccupations l'assaillent, lorsqu'il redoute quelque corvée, ou quelque punition, il se prend à souhaiter ardemment, passionnément la guerre. Il veut se battre pour changer de vie, pour bouleverser son existence ; et parce que dans son imagination se succèdent des rêveries, qui ont ensoleillé son enfance et qui viennent le distraire encore, des exploits, la croix d'honneur, des panaches, des généraux, la gloire et la victoire ! Il veut se battre pour agir ; l'existence du soldat en campagne lui paraît alors la plus large, la plus pleine, la plus réelle et comme la plus vivante, parce qu'elle cotoie à chaque minute le danger et la mort. Il veut se battre, et pour lui, la guerre a l'attrait de l'inconnu, qui déplace tous les points de vue et rend possible les changements les plus chimériques, qui supprime momentanément tous les soucis, toutes les angoisses, annihile tous les regrets pour ne plus laisser dans l'esprit que la volonté d'obéir, et le désir de vaincre.

Plus tard lorsqu'il sera dégagé des obligations militaires, il lui paraitra quelquefois que la guerre est une excitation, une rénovation nécessaire; et dans les heures où il doutera des autres, il désirera de nouveau la guerre, d'autant plus vivement qu'il en supportera moins complètement les charges.

Peut-être obéit-il à l'obscur instinct de la race, peut-être en ces moments de trouble, les souvenirs d'un passé lointain s'évoquent-ils confusément en lui. C'était autrefois à la guerre que s'épanouissait l'âpre volupté de l'homme ; courir, bondir sur l'ennemi, frapper, lutter dans des corps à corps mortels, nulle contrainte, sinon celle de respecter le plus fort, ou de l'éviter. Tous les préjugés tombaient, toutes les conventions sociales s'anéantissaient devant le péril commun ; duc ou prince, enfant trouvé, bâtard, courtaud de boutique raccolé par quelque sergent recruteur, où donc était la différence? Sur le champ de bataille, les plus criminels se rachetaient en versant leur sang (1).

Même au cours des siècles derniers, dans la guerre tout s'effondrait ; l'invasion était une révolution arri-

(1) En France, aujourd'hui encore, on ne demande aucun renseignement d'état-civil à ceux qui s'engagent dans la légion étrangère : l'uniforme les couvre.

vant de l'extérieur ; chacun semblait pouvoir à la fois tailler sa destinée, se ruer aux exploits ou mourir. Au commencement du XIXe siècle l'éclat de la guerre est si puissant « qu'il console des peines inouies, que la léthargie de la paix cause aux esclaves des armées » (1) ; et il est si brillant encore aujourd'hui, qu'il fait oublier toutes les déchéances que subit la volonté humaine et la liberté du citoyen, toutes les souffrances des guerres passées, et les innombrables calamités que déchaîneraient les guerres de l'avenir.

Qui donc s'étonnerait de la résistance que depuis des siècles rencontrent les pacifistes ? Ils peuvent railler ou stigmatiser l'horreur ou l'absurdité des mêlées sanglantes, invoquer la religion, la pitié ou la justice ; les plus grands écrivains, les plus nobles philosophes, les plus généreux et les plus éloquents des hommes peuvent s'insurger contre le mal, la guerre conserve son pouvoir secret « son attrait mystique » ; tous les efforts tentés pour organiser la paix deviennent vains, et l'on a du voir trois ans après le jour où Victor-Hugo inaugurait à Paris le premier Congrès de la Paix, l'Europe entrer dans une des périodes les plus sombres de son histoire.

(1) Alfred de Vigny, *Souvenirs de grandeur militaire.*

A l'idéal exalté par les amis de la Paix s'oppose un autre idéal, et ceux-là même qui applaudissent à leurs discours, sont prêts à les renier le jour où quelque autre orateur, quelque journaliste en verve les entraînera à son tour. Comme un libertin entre deux maîtresses, chéries toutes deux malgré les différences de leur beauté et de leur esprit, en raison peut-être de leurs qualités opposées, les peuples semblent, entre la paix et la guerre, également épris de gloire et de tranquillité, jaloux de leur liberté et désireux d'opprimer celle des autres.

Aux raisonnements des penseurs se heurtent les masses, inconscientes et souffrantes, pour qui tout bouleversement apporte comme une espérance et comme une promesse de bien-être ; tous ceux qui passionnés de changement, parce qu'ils sont malheureux, s'imaginent avoir épuisé l'amertume de leur destinée, quoi qu'il arrive, et oublient, ou ignorent, que toute amélioration a une cause, que toute transformation veut être préparée, sinon par une volonté réfléchie du moins par une série d'efforts instinctifs et obscurs et qu'il est absurde de croire que le bien peut naître de l'excès du mal.

Pour combattre avec succès la guerre, il est donc nécessaire de la faire apparaître, telle qu'elle est, telle qu'elle serait ; écarter le masque, montrer que ces attraits sont mensongers, que ces voiles dont elle s'entoure, que ce mystère qui fait rêver ses fidèles, cache la plus atroce réalité. Et sans doute le service militaire obligatoire a, dans la plupart des pays d'Europe, dissipé bien des illusions ; mais ces souvenirs que les jeunes gens rapportent du régiment se transforment et s'estompent dans le recul de l'éloignement ; beaucoup de citoyens échappent à la conscription et restent les plus chauvins des hommes ; enfin les militaires qui sont les plus capables de connaître et de faire comprendre toutes les difficultés que comporterait la conduite d'une guerre, et les conséquences redoutables d'un conflit armé, sont naturellement peu portés à divulguer leurs sentiments ; ils demeurent discrets, n'ayant que difficilement la liberté qu'il faut pour écrire, enserrés dans la discipline militaire, dans l'esclavage des règlements.

Toute investigation de cette nature demeure ainsi difficile et même périlleuse ; elle risque, sinon de blesser le patriotisme, du moins d'atteindre l'amour-propre national ; il est des erreurs qu'on doit respecter, devant lesquelles il convient de s'incliner, et des idées qu'on ne peut traduire en public, que déformées et comme déguisées. Tenez compte de la vanité de vos auditeurs, ou vous serez mis au nombre des « ennemis du peuple » ; tenez compte aussi de leur besoin de croire et d'espérer, de leur égoïsme, de leurs intérêts.

Un homme cependant traça la voie. Dans un ouvrage considérable, dont l'intérêt est capital, Jean de Bloch voulut, bien qu'il ne fût qu'un profane, envisager la guerre sous toutes ses faces ; il mesura les difficultés qu'elle entraîne, il dénombra, de la façon la plus complète, les ruines qu'elle cause ; c'était un homme d'affaires, passé maître dans la conduite des entreprises industrielles ; forcé d'abandonner une partie de ses occupations, il avait commencé une série d'études sur les progrès récemment réalisés dans la vie économique en Russie ; il avait été frappé par l'insouciance dont l'administration de son pays — comme celle de beaucoup d'autres — paraît faire preuve à l'égard des enseignements de l'expérience, et des chiffres « où elle se traduit avec le plus d'éloquence ». « Le chiffre semblait n'être rien, quand il devait être tout, disait-il ». Pendant la guerre Russo-Turque de 1877, il avait remarqué combien, malgré les incessants préparatifs dont la paix armée imposait le fardeau aux peuples, les militaires eux-mêmes restaient dans l'ignorance des règles les plus importantes qui devaient présider à l'organisation des combats et à la conduite des opérations (1).

Il acquit bientôt la certitude que non seulement en Russie, mais dans tous les pays d'Europe, « les militaires mêmes les mieux doués (2) ne se rendent pas entièrement compte de la complexité des phénomènes amenés par la lutte, à laquelle ils prendront part ; ils sont élevés dans les traditions des guerres du passé dont

(1) Dans une des notices qu'il a consacrée à ses travaux Jean de Bloch raconte à cet égard une anecdote significative. Il était président du conseil d'administration de la ligne « Kieff — Brest » qui devait transporter les troupes russes sur le théâtre de la guerre et comme tel il fut chargé de conduire le train impérial. « Au matin on fit arrêter ce train pour permettre à Sa Majesté de se raser. Nous étions en pleine campagne. Les voyageurs descendirent pour se dégourdir un peu. Je causais, en me promenant le long des rails, avec des généraux de la suite de l'empereur. — Que ferez-vous, me demanda-t-on, après nous avoir conduits à destination ? — Je me rendrai à Carlsbad, répondis-je — Y pensez-vous ? Mais nous retournerons à Pétersbourg d'ici à 2 ou 3 semaines — Comment, m'écriai-je, vous avez prévu le moment de votre retour ? Certainement, notre expédition se réduira aux proportions d'une simple promenade militaire. » Jean de Bloch persista dans sa manière de voir et les événements lui donnèrent raison, la guerre qui, d'après les prévisions des généraux, devait durer 15 à 20 jours, se prolongea pendant près d'un an (avril 1877, mars 1878). Est-il besoin de rappeler que la même erreur a été commise en 1870 par les généraux allemands, en 1899 par les généraux anglais.

(2) Les ouvrages statistico-économiques de Jean de Bloch, p. 48.

ils étudient l'histoire » ; l'absence de renseignements suffisamment précis les empêchent de comprendre les transformations considérables dont les découvertes et les modifications d'ordre politique ont été la cause, et qui ont bouleversé l'art militaire. Ils se trouveraient au début d'une guerre européenne dans la situation de ce colonel, qu'imagine Edmond About, qui se réveille après un demi siècle de sommeil, et raisonne comme s'il n'avait pas dormi.

Jean de Bloch entreprit donc de caractériser la guerre future, d'en déterminer le cours possible, d'en prévoir les résultats et les conséquences. Ses ouvrages composés uniquement dans le souci de la vérité, et avec l'aide des plus éminents généraux russes (1) d'après l'expérience des guerres récentes, aboutit aux résultats les plus exacts, bientôt contrôlés par le comité scientifique de l'Etat-major Russe ; « rien de semblable n'existait en Russie, ni même dans les bibliothèques étrangères » (2) ces travaux considérables devaient être des plus importants, des plus nécessaires pour la préparation de la guerre.

(1) Notamment le maréchal Gourko, les généraux Woyde, Pousyrewski et Jocher.

(2) Appréciation de M. le général Woyde.

Les six volumes écrits par M. de Bloch furent en effet traduits dans toutes les langues (1) et commentés dans tous les journaux militaires, mais là ne s'arrêta pas leur portée. La vérité est une : Jean de Bloch avait été contraint par la nature de ses travaux de rechercher ce qu'avait été la guerre ; il fut amené par son caractère d'administrateur à en présenter le bilan. C'est un compte des profits et pertes, que la guerre force à réaliser ; c'est une suite d'observations qui obligent à constater l'étrange folie des hommes, et par quelle criminelle aberration, alors que tant d'individus souffrent encore, en pleine paix, de la misère, de la faim et du froid, les gouvernements en viennent à détruire les ressources les plus précieuses et les forces les plus bienfaisantes. L'œuvre de M. de Bloch, prouve plus encore ; son auteur voulait chiffrer les transformations matérielles et morales de l'Europe et de ses armées pendant les trente dernières années ; il aboutit aux constatations les plus étranges, les plus grosses de conséquences, et, comme il le dit souvent lui même, tellement importantes qu'elles déconcertent et qu'elles sont

(1) La traduction française est éditée chez Guillaumin : *La Guerre*, 6 gros volumes in-8°.

« absurdes » ; en recensant les victimes des guerres futures, il arrive à des résultats qui dépassent l'imagination, et si son esprit positif d'industriel et d'économiste ne l'en empêchait, il dirait presque, que le nombre des hommes tués dans la bataille doit forcément, d'après des calculs mathématiques et en raison des progrès de l'armement, dépasser celui des combattants ; chacun serait tué plusieurs fois ; la guerre en Europe est devenue impossible.

Le retentissement de cet ouvrage fut donc considérable, et il peut avoir contribué, dans une très large mesure, à influencer le tzar Nicolas, le jour qu'il lança sa circulaire retentissante et si précieuse à nos yeux. Au point de vue pacifique il consacre une méthode des plus nécessaires pour l'étude des phénomènes de la guerre, c'est-à-dire des symptômes et du développement de la maladie qu'il convient de soigner et dont il faut guérir l'humanité. Il fourmille, d'autre part, d'enseignements féconds, de remarques importantes, de calculs précis. C'est, sans aucun doute, le plus riche recueil où peuvent puiser ceux qu'intéressent les questions de ce genre ; c'est une série d'armes nouvelles mises à la disposition des pacifistes, par un homme d'étude, que ses recherches désintéressées, plus encore que son noble tempérament et son caractère, ont rendu pacifiste ;

elles doivent convaincre ses lecteurs, comme elles l'ont convaincu lui même (1).

La luxuriante abondance des documents, la complexité des détails ne rend jamais l'ouvrage de M. de Bloch difficile à lire ; peut-être pourrait-on dire qu'elles dispersent parfois l'attention, qu'elles empêchent de suivre avec netteté la démonstration et de saisir l'ordonnance de l'œuvre. Cette œuvre est trop riche, du moins pour les « profanes » ; c'est sa qualité, et sans doute son défaut. L'auteur l'avait compris et il en avait fait de nombreux résumés. Telle quelle, nous le repétons, elle apparait comme la base de tous les travaux sur ce sujet, mais il est nécessaire, pour en vulgariser les solutions, de les isoler, de les commenter par les exemples qui les confirment ; de les faire suivre des renseignements qui les complètent ; après les recherches admirables de Jean de Bloch, il ne reste plus à faire que besogne d'ouvrier.

(1) Jean de Bloch compléta ses travaux en créant à Lucerne, ce qu'il appela « le Musée de la guerre et de la Paix ». Ce sont des salles remplies de canons, de fusils, de graphiques et de dessins, présentant au public avec les procédés de la guerre, ses dangers. Le musée de la guerre et de la paix, fut inauguré le 7 juin 1902, après la mort de son fondateur, par M. Frédéric Passy.

Nous ne pouvons songer à retracer ici, tous les développements que M. de Bloch donne à sa thèse, nous voulons exposer son idée capitale. Il est nécessaire de le répéter sans cesse, les transformations subies par l'Europe pendant les dernières années, ont modifié du tout au tout les conditions de la guerre moderne. Les armées d'aujourd'hui ne ressemblent pas plus aux armées de Napoléon, que les fusils dont elles se servent aux fusils à pierre de l'ancien régime ; la structure économique et sociale des nations s'est de même profondément modifiée. On connait, on peut connaître les horreurs des guerres passées, nous voulons esquisser les menaces des guerres futures, persuadés que tout ce qui fait paraître le mal, le fait en même temps détester ; et persuadés, par ailleurs, qu'en nous attachant à divulguer des travaux appréciés par tous les spécialistes, mais encore en partie ignorés du public (1), nous contribuons pour notre part à l'œuvre entreprise par Jean de Bloch et lui préparons des auxiliaires et des imitateurs.

(1) Nous devons cependant noter la brillante analyse des travaux de Jean de Bloch faite par Lucien Le Foyer : *la Guerre et la Paix par des chiffres*. Paris, 1901.

CHAPITRE II

—

LES TRANSFORMATIONS DES ARMÉES

« Le meilleur moyen de maintenir la paix, pour les états, déclare le général prussien *Von der Goltz*, c'est d'avoir une forte organisation militaire ; ... les états faibles au point de vue militaire et placés entre des voisins plus forts, constituent un danger de guerre ; les états qui pour des raisons politiques ou budgétaires commettent la faute de négliger de travailler au développement de leurs forces, provoquent eux-mêmes le danger. (1) »

On peut discuter la valeur morale de ces principes,

(1) Von der Goltz, *De la conduite de la guerre*, p. 2.

on peut discuter leur portée, il faut reconnaître que depuis trente cinq années ils sont admis par les nations européennes, et dirigent leur politique. Toutes les puissances agissent comme si les peuples voisins ne cherchaient qu'une occasion propice d'attenter à leurs droits, et, pour éviter les agressions, s'efforcent de tenir en respect, par leurs armements et leurs alliances, les adversaires probables ou possibles. Les plus grandes, celles qu'on a l'habitude de nommer « les grandes puissances » préparent continuellement la guerre et augmentent constamment leurs forces offensives ; elles en sont arrivées au point de consacrer toutes leurs ressources disponibles, en hommes et en argent, au développement de leurs armées (1). La seule limite est celle que leur impose le souci de leur existence ; encore est-elle souvent dépassée.

Quelques-unes visent encore plus haut. « Avec « l'aide de Dieu, déclarait le vieil empereur Guillaume « au Reichstag, nous cherchons à devenir tellement « forts que nous puissions envisager calmement n'im- « porte quel danger (2). » Comprenez : l'Allemagne

(1) Von der Goltz disait : dans la nation armée, le problème est d'amener un peuple à baser son existence même sur sa vie militaire.

(2) Discours du trône du 24 novembre 1887.

doit être assez forte pour résister à l'Europe entière. Et l'on retrouverait facilement des phrases semblables dans les discours des ministres anglais ; il faut, à les en croire, que la flotte du Royaume Uni puisse tenir tête à toutes les flottes du monde civilisé ; l'empire des mers n'appartient qu'à l'Angleterre. Cette ambition des nations qui possèdent l'hégémonie en Europe, réagit sur toutes les autres ; chacune de celles-ci craint de se laisser trop distancer, et à mesure qu'elle essaie de gagner du terrain en avant, les premières repartent de plus belle ; c'est selon le mot de M. le chancelier de Caprivi, « une véritable course aux armements. »

Aligner des soldats dans les cours des casernes pour pouvoir plus tard les ranger sur les champs de bataille, préparer les armes, les vêtements et les vivres de manière à pouvoir au jour du danger enrégimenter tous les hommes capables de porter un fusil, telle est la constante préoccupation des gouvernements. L'abaissement continu de la durée du service militaire ramené de 7 ans à 5 ans, puis à 3 ans n'a donc pas pour raison l'idée de maintenir une apparente égalité entre les citoyens ou de diminuer le fardeau du militarisme, mais uniquement d'instruire un plus grand nombre d'hommes (1). La démocratisation de l'armée a été voulue par les militaires, bien avant d'être votée par les hommes politiques.

Tous ceux qui sont capables de porter les armes doivent passer par le régiment parce que, on ne cesse de répéter la formule : la patrie aura besoin de tous ses enfants. La paix n'est plus d'ailleurs que la perpétuelle attente de la guerre et tous les esprits doivent être constamment en éveil, préoccupés du résultat à atteindre.

Un conflit peut éclater à tout moment et « la valeur d'une armée ne peut rien si ses effectifs sont insuffisants (2) », il faut utiliser toutes les forces « la meilleure organisation militaire est celle qui, en cas de guerre, mobilisera toutes les ressources intellectuelles et matérielles du pays, en vue d'en assurer l'issue heureuse » (3).

Le travail de préparation entrepris il y a trente ans

(1) La loi de deux ans allemande a certainement été présentée par le gouvernement dans cette pensée. A t-elle motivé le dépôt du projet français, c'est fort douteux.

(2) Discours du général de Caprivi au Reichstag, juillet 1893, cité dans « *les lois du nombre à la guerre* » par le commandant Z... Moutéchaut, p. 7.

(3) Von der Goltz, *De la conduite de la guerre*, p. 3.

et conduit depuis cette époque sans défaillance et sans répit, aboutit à des résultats qui dépassent l'imagination.

Les masses nombreuses de la réserve viendront gonfler et soutenir les régiments des armées actives; en dehors des armées qu'elles forment, les troupes territoriales plus spécialement destinées aux opérations d'occupation et de défense, mais placées en avant dès les premiers jours, se dresseront encore. Tous les hommes au-dessous de 45 ans en France; en Allemagne, en Autriche, en Italie, tous les hommes au-dessous de 40 ans; en Russie, la plupart des hommes jeunes et valides, seront appelés, armés, lancés les uns contre les autres.

Les chiffres exacts sont difficiles à connaître; ils sont pour la plupart du temps tenus secrets et d'ailleurs les années les font varier. Les renseignements donnés par M. de Bloch pour l'année 1896 sont les suivants :

Allemagne	2.550.000 h.	
Autriche	1.304.000 h.	
Italie	1.281.000 h.	
Total de la triple alliance. .		5.135.000 h.
France	2.554.000 h.	
Russie	2.000.000 h.	
Total de la double alliance .		5.354.000 h.
Total des troupes pour les 5 puissances.		10.489.000 h.

Dix millions et demi, voilà le nombre d'hommes qu'une volonté coupable, une parole imprudente, un malentendu insensé peuvent jeter sur les champs de bataille, dans les casemates et les forteresses; et ces chiffres sont incontestablement inférieurs à la réalité (1). Veut-on les tenir pour certains, c'est encore plus de deux millions d'hommes qui se trouveront prêts à combattre de chaque côté des Vosges!

Quelle est donc l'intelligence assez puissante, assez ferme, assez active pour conduire de telles foules humaines.

Admettez que, dans les premiers jours de la guerre, aucune difficulté ne se produise; que les locomotives, les wagons, les voies ferrées soient en nombre suffisant pour transporter ces millions d'hommes à la frontière;

(1) Ces chiffres paraissent certainement inférieurs à la réalité : en ce qui concerne l'Allemagne, par exemple, l'ouvrage de M. le capitaine Lauth (*état militaire des puissances étrangères*) indique que le gouvernement pourrait réunir *en troupes d'infanterie*, et SANS COMPTER LES DÉPÔTS, 1801 bataillons comprenant 1801,000 hommes. L'auteur indique que le calcul est un minimum et qu'il y a lieu d'augmenter ce chiffre de plus de deux cents mille soldats. D'autre part M. Lauth avait en vue l'année 1894; depuis dix ans, à en juger par les effectifs de paix, les effectifs de guerre ont certainement été augmentés dans une très forte proportion. Nous donnons, d'après un article anonyme du « spectateur militaire » (15 av. 1900. Lieutenant M.), le tableau de l'accroissement des

tout a été étudié à l'avance, pesé, délibéré et arrêté; on a pu déterminer — au prix de longues recherches — les horaires et la composition des trains, la mise en route et l'emplacement de chaque unité, et jusqu'au menu des repas pendant ces premiers jours; admettez que l'organisation — d'un côté comme de l'autre — soit bonne, bien faite, appropriée aux besoins; que les hordes de cavalerie qui seront lancées dès les premiers jours de la mobilisation ne viendront

armées allemandes pendant les 30 dernières années. On remarquera que, contrairement à ce qui se fait en France, les effectifs réels dépassent toujours notablement les effectifs officiels.

Progression des effectifs de l'armée Allemande en temps de paix :

DATE DE LA LOI	OBJET DE LA LOI	EFFECTIF ACCORDÉ	EFFECTIF RÉEL
9 nov. 67	Réorganisation de l'armée	382.568	
2 mai 74	1er septennat	401.659	
6 mai 80	2e septennat	427.274	470.000
11 mars 87	3e septennat	468.409	525.000
15 fév. 90	Augmentation des effectifs	486.983	545.000
15 juillet 93	4e septennat	557.093	600.000
25 mars 99	1er quinquennat	575.667	620.000

pas troubler l'exécution des mesures prises dans le silence du cabinet par les états-majors d'armée. La redoutable partie ne sera pas encore commencée ; les pions seront rangés sur l'échiquier ; il faudra jouer ; pousser en avant telle ou telle unité, et pour le faire malgré les projets élaborés en conseil, improviser au dernier moment un plan d'opération, d'après l'attitude et les intentions visibles de l'ennemi, suivant les circonstances, en tenant compte des contingences, qu'il n'est donné à personne de prévoir. Où donc se feront les premiers engagements, où se tenteront les premières percées ? C'est là une énigme dont on ne pourra déterminer la solution qu'après la déclaration de guerre, lorsque les troupes seront déjà mobilisées et concentrées, au hasard d'une recherche hâtive.

Et sans doute, à côté des fameux dossiers de la mobilisation, tous les gouvernements conservent dans les coffres scellés de leurs ministères des plans de campagne complets ; et l'on peut trouver et citer des cas où ces plans ont pu être exécutés presque complètement, sans modifications graves, du moins dans les premières semaines de la lutte. Mais c'est qu'alors l'un des deux adversaires avait devant lui des troupes et des généraux manifestement inférieurs aux siens, et qu'il pouvait même, avant de combattre, leur imposer sa volonté (1); c'est aussi qu'il devait diriger ses armées aisément maniables, dont les éléments étaient cohérents, dont les chefs étaient expérimentés et les effectifs relativement peu nombreux.

Que sont les armées de la guerre franco-allemande à côté de celles de la guerre de demain ? L'armée allemande pendant toute la durée de la campagne, y compris les troupes d'occupation, n'a jamais dépassé 1 200.000 hommes ; dans les premiers combats, alors que la France, sur ses 336.000 soldats, n'en pouvait mettre en ligne que 180.000, les armées coalisées de l'Allemagne n'atteignaient pas 400.000 hommes (2).

Le plan que le généralissime devra ébaucher, ou du moins transformer et modifier, au début des opérations actives, il n'en pourra fixer que les grandes lignes ; les chefs qui dirigeront sous ses ordres devront avoir la plus large initiative, chacun se trouvant forcé d'agir sous sa propre responsabilité, et cependant tous devront combiner leurs manœuvres. Il paraît donc certain

(1) Il en est ainsi particulièrement dans les expéditions coloniales.

(2) Chiffres donnés par Jean de Bloch, *Conséquences probables d'une guerre*, p. 16 et Seignobos, *Histoire de l'Europe contemporaine*, p. 773. Otto-Berndt dans son ouvrage « *Le nombre à la guerre* » donne comme chiffre des troupes allemandes engagées à la fin de la guerre 630.000 h. ; au milieu de novembre ce chiffre s'élevait seulement à 425.000.

qu'un travail écrasant sera nécessaire ; le haut commandement sera contraint de s'y absorber. Il faudra demander à ces généraux, dont il est impossible de dénier le patriotisme, dont il est même difficile de discuter la haute valeur, mais dont la résistance physique est limitée, une série continuelle d'efforts que ne pourraient fournir les plus jeunes.

Leur expérience peut être une garantie. Mais de quoi donc est faite leur expérience ? Les expéditions coloniales n'ont pu que prouver leur bravoure, sans donner à leurs facultés un champ d'action comparable à celui qui s'ouvrirait devant eux. La guerre de 1870 s'est poursuivie dans des conditions toutes différentes ; et d'ailleurs combien parmi nos généraux, combien parmi les généraux allemands, ont alors conduit un régiment au feu ? Combien ont eu des corps d'armée à diriger, à manier, à concentrer sur la frontière du Rhin ? Trente-trois ans sont passés, effaçant presque toutes les grandes figures ; de la guerre et de ses protagonistes il ne reste plus que des enseignements surannés.

Si d'ailleurs on considère les obstacles qu'auront à vaincre les hommes de guerre, avant d'affronter l'ennemi, ils paraissent considérables.

Pourvoir aux nécessités de l'existence des troupes

et maintenir entre les unités qu'ils dirigent la cohésion nécessaire, voilà les deux faces du problème, on accordera volontiers que plus les effectifs augmentent, plus il est difficile d'en concilier les solutions.

Quelles que soient les précautions prises par le haut commandement pour accumuler les vivres à proximité des lieux de rassemblement des armées, le ravitaillement des hommes présentera sans nul doute des difficultés immenses, les magasins se trouvant forcément placés en arrière de la ligne de combat, à des distances relativement importantes (1). Les lignes stratégiques de chemins de fer et les perfectionnements apportés aux moyens de transport, permettent de surmonter certains obstacles; mais eu égard à la quantité des vivres à fournir chaque jour, ils seront sans doute insuffisants. Des exemples récents tirés de la guerre du Transvaal, ou même de la guerre franco-allemande (2), laissent penser d'autre part que les ouvrages d'art, qui s'accumulent sur les voies ferrées, sont faciles à détruire et que les corps francs, les troupes de cavalerie ou d'infanterie montée, les pelotons de bicyclistes militaires, conduits par des chefs intelligents et éner-

(1) Plus particulièrement encore pour celle des deux troupes qui opérerait en pays ennemi.

(2) Ainsi le raid du pont de Fontenay.

giques, pourraient, en poussant sur le territoire ennemi des pointes hardies, troubler le service du ravitaillement. Les inquiétudes à cet égard sont tellement grandes, que les règlements décident que l'Intendance doit procéder comme si les convois prévus ne devaient pas parvenir à leur destination : « on exploitera le pays « comme si on ne devait rien attendre de l'arrière ; et « en même temps on organisera les convois et le ravi- « taillement par l'arrière, comme si l'on ne devait rien « attendre du pays traversé (1). »

Mais les provinces occupées auront rapidement épuisé leurs ressources ; il faudrait n'avoir jamais suivi des manœuvres pour en douter. Même lorsqu'il ne s'agit que de rassemblements peu importants, de deux armées opérant l'une contre l'autre, dans un pays qui n'est pas affaibli par plusieurs semaines, par plusieurs mois de guerre, que la mobilisation n'a pas dépouillé de tous ses hommes valides, la nourriture des troupes est difficile et les provisions des villages, que les soldats sillonnent, manifestement insuffisantes. Qu'en serait-il au début d'une guerre (2) ?

(1) Règlement français du 11 janvier 1893.

(2) L'une des armées aura certainement l'avantage d'opérer en pays ami et de se trouver à proximité de ses magasins, mais il en est différemment de l'autre.

Pour assurer le ravitaillement les armées auront donc tendance à s'éparpiller, à se développer sur le terrain, mais elles devront se rassembler pour combattre. Le général Derrecagaix émet le principe suivant : « Dans la période des opérations proprement dites, « des surprises sont toujours possibles, il faut que « l'armée puisse sans difficultés être concentrée en un « seul jour. » (1) Or les marches des troupes à effectifs renforcés seront singulièrement compliquées et lentes. D'après les chiffres donnés par le colonel Maillard et acceptés par le sous-intendant militaire Espanet (2), une colonne de corps d'armée ne peut guère, en un jour, avancer de plus de 22 à 24 kilomètres et ce chiffre devrait être diminué encore, s'il s'agissait d'un groupement plus important. Un corps d'armée allemand, par exemple, composé de 46.000 hommes et des 583 voitures qu'il traîne à sa suite, marchant sur une même route, occuperait une longueur totale de 60 kilomètres (3); de telle sorte que si les hommes étaient au repos, dans la formation de marche, un homme bien entraîné aurait peine dans une seule

(1) *La Guerre Moderne.*

(2) *L'armée allemande*, par Speckel et Foliot, édité en 1895, p. 315.

(3) *Etude sur le Ravitaillement de l'armée*, p. 25.

journée à passer de la queue à la tête de colonne ! Il est évident que dans ces conditions et même en supposant l'ordre le plus parfait de la marche, les concentrations importantes seront particulièrement pénibles.

Les exigences du service d'intendance se trouvent en fait subordonnées aux nécessités de la conduite de la guerre. Il s'en suit que malgré les difficultés que rencontrera ce service, les armées, du moins celles qui se trouveront à proximité de la ligne de combat, seront concentrées par grosses masses, particulièrement aux abords des villes, qui leur offriront, en même temps que des ressources importantes, des réseaux de route leur permettant de se porter dans diverses directions, sur un point menacé.

Mais les conséquences de ce système paraissent terribles ; les conditions hygiéniques de telles agglomérations étant forcément défectueuses, des épidémies redoutables viendront décimer les armées et exercer leurs ravages même parmi les non combattants ; il serait plus que jamais difficile de lutter contre ces épidémies et il est probable que les morts par maladies atteindraient en cas de guerre des chiffres jusqu'à présent inconnus (1).

(1) La tâche réservée aux médecins en temps de guerre, serait donc, elle aussi, considérable. Pourraient-ils y suffire ? Les services de santé, les sociétés civiles de secours aux blessés font

D'autres inconvénients plus graves encore au point de vue militaire, sont à redouter et la contagion physique ne serait pas la plus dangereuse.

Dans des armées aussi nombreuses, les actes d'indiscipline seraient forcément moins rares, et, malgré l'ardeur dont la plupart seront enflammés, n'est-il pas à craindre que ces cultivateurs, que ces ouvriers, que ces bourgeois de la veille surrexcités par l'approche du danger ne perdent pendant cette période de concentration bien des qualités, bien des vertus nécessaires au soldat ? Les foules — et les nations armées conserveraient longtemps les caractères des foules — sont sujettes à des emportements imprévus, désordonnés et affolants d'autant plus graves que les individus qui les composent sont plus nombreux, plus resserrés les uns auprès des autres, qu'ils connaissent moins ceux

dès avant la déclaration de guerre de très nobles efforts ; il leur sera bien difficile d'atteindre le but visé. Je crois devoir citer les paroles de M. l'inspecteur général Delorme sur l'organisation du service de santé pendant la guerre 1870-71. « L'expérience des « guerres de Crimée et d'Italie avait été complètement perdue, « la guerre de 1870-71 vit se renouveler les mêmes errements, « les mêmes embarras du début, la même imprévoyance dans la « préparation, la même incompétence dans la conduite des éta- « blissements militaires... Les services rendus le furent surtout « grâce à l'activité et au dévouement du personnel médical ». Art. de Pierre Baudin dans le *Journal*, 27 février 1903.

qui sont chargés de les conduire, qu'ils se connaissent moins entre eux. Les troubles sont grandement à redouter, même s'ils sont limités, atténués, combattus, grâce à l'énergie des uns, à l'abnégation et à la force morale des autres.

S'il nous fallait donc noter les conséquences principales de la transformation des armées et de l'augmentation des effectifs, nous indiquerions successivement : la tâche immense qui s'impose au haut commandement dès les premiers jours de la mobilisation, la complexité du problème du ravitaillement et de la concentration des troupes, l'importance du développement des moyens de transport. Le peuple qui défendra son territoire, qui utilisera ses propres ressources et les voies et les routes qu'il aura, dès longtemps, préparées, aura donc sur son adversaire un avantage énorme (1). D'autre part pour les deux armées, celle de l'envahisseur comme celle de la défense, les souffrances seront terribles, les progrès lents, la désorganisation facile : plus que jamais l'esprit des armées et des chefs, les facteurs psychologiques et moraux paraîtront de

(1) Nous ne prétendons pas dire, bien entendu, que cette défense devrait être passive et par conséquent renoncer à l'offensive statistique ou tactique.

première importance (1). Ces impressions vont s'accentuer encore à mesure que nous étudierons le fonctionnement des armées et les modifications apportées dans les armes par les progrès du siècle dernier.

(1) Jean de Bloch pour mettre mieux en valeur l'importance nouvelle de ces facteurs psychologiques et moraux a dressé un petit tableau des valeurs respectives de chacune des puissances dans l'attaque et la défense eu égard ; 1° à la faculté de se plier à une nouvelle situation militaire ; 2° à la composition de corps des officiers ; 3° à la faculté d'initiative ; 4° à l'endurance à supporter les fatigues et les privations ; 5° à la discipline ; 6° à l'absence de tendances égoïstes, nuisibles au bien général ; 7° à la confiance dans les chefs et les camarades ; 8° à l'âge et l'état d'esprit des troupes ; 9° à la confiance dans la valeur de l'armement ; 10° au courage. Toutes ces données sont forcément arbitraires. Il faut d'ailleurs remarquer qu'elles varieraient selon la nature de la guerre et d'après l'issue des premiers engagements.

CHAPITRE III

—

LES TRANSFORMATIONS DE L'ARMEMENT

On peut dire, sans crainte d'être démenti, que si les conditions de recrutement ont profondément modifié la composition des armées modernes, les progrès scientifiques réalisés dans le dernier tiers du XIXe siècle ont bouleversé, de la façon la plus complète, leur manière de combattre. Que l'on se rende dans un musée militaire, au Palais des Invalides par exemple, on constatera facilement que les fusils encore en usage quelques années avant la guerre de 1870 étaient à peu de chose près semblables à ceux du XVIIIe siècle. « Dans la campagne de 1859 les Français étaient encore armés du fusil modèle 1777 » (1) et les seules modifications apportées avaient été l'adjonction d'un piston et les rayures de l'âme. Depuis cette époque les armes de guerre françaises ont été radicalement transformées ; tour à tour ont apparu le fusil Chassepot en 1867 (2), le fusil Gras en 1874, le fusil Lebel mis en usage en 1886 et modifié en 1893 ; dès maintenant on parle d'un nouveau fusil qui remplacerait ceux qui sont actuellement entre les mains de nos soldats (3).

Aujourd'hui non seulement les grandes puissances, mais les plus petits Etats se trouvent munis de fusils perfectionnés de petit calibre, avec chargeur ou magasin, et les cartouches préparées dans tous les arsenaux, sont, sous certaines différences de détail, analogues à celles qui sont confectionnées ici, c'est-à-dire

(1) *Jean de Bloch. La guerre à l'exposition de Paris.*

(2) Les troupes françaises en 1870 étaient armées du fusil Chassepot bien supérieur à celui des autres puissances et particulièrement au fusil à aiguille allemand. Malheureusement ce fusil était encore peu connu des troupes ; et les magasins d'armement se trouvaient insuffisamment garnis.

(3) M. de Bloch prévoit la transformation du fusil Lebel en 1900. Des essais d'un modèle nouveau sont en réalité commencés depuis plusieurs années.

qu'elles ont des douilles métalliques et des chargements de poudre sans fumée (1).

Les transformations successives opérées par les gouvernements ont eu pour cause la nécessité absolue de ne pas se trouver, vis-à-vis des autres peuples, dans un état d'infériorité marquée. Tout progrès dans la science des explosifs est connu par toute l'Europe et perpétuellement on en cherche des applications ; les découvertes sont signalées au ministère compétent ; on étudie l'invention nouvelle, on la discute pendant quelque temps, bientôt les hésitations s'effacent et, malgré les dépenses considérables que sa mise en usage doit entraîner, elle est rapidement adoptée. Toutes les armes anciennes sont aussitôt transformées ou même déclassées, vendues à vil prix ou brisées par les soins des autorités militaires. Cependant la fabrication est à peine commencée que des voisins s'en préoccupent, eux aussi connaissent, sinon l'invention elle même, du moins le principe dont elle découle, et l'avantage qui en résulte ; d'autres savants se mettent à l'étude, poussent plus avant les recherches commencées, arrivent à un perfectionnement plus grand encore ; et c'est une ému-

(1) Des modifications analogues, peut-être plus profondes encore, ont été opérées dans l'armement de l'artillerie.

lation comparable à celle qui fait, chaque année, augmenter le nombre des troupes, c'est une véritable *course aux inventions*.

Si l'on compare les armes actuelles à celles qui se trouvaient en usage vers 1670, pour en déduire les conséquences tactiques qui résultent de l'emploi de moyens nouveaux, on constatera que les progrès réalisés peuvent se ramener à trois principaux : 1° justesse du tir et tension de la trajectoire ; 2° rapidité du tir ; 3° invisibilité du tireur.

1° *Justesse du tir et tension de la trajectoire* :

On sait ce qu'il faut entendre par le mot de trajectoire : c'est la courbe décrite par la balle au sortir du fusil ; cette courbe est à la fois déterminée par la force d'impulsion, qui chasse la balle dans la direction du canon du fusil, par la résistance de l'air, qui contrarie directement la force d'impulsion, et par la pesanteur, qui tend à faire tomber la balle à terre. Lorsque la force d'impulsion n'est pas considérable et que le projectile est lourd, l'action de la pesanteur est prépondérante ; (1) il est donc facile de concevoir que dans ce cas pour éviter que la balle ne vienne tout au début se ficher en terre et mourir, il est nécessaire d'incliner

(1) Par exemple s'il s'agit d'une pierre lancée par une fronde.

fortement l'axe de direction de l'arme. La balle décrit alors une courbe très accentuée, et elle peut atteindre des objectifs relativement éloignés ; mais précisément à cause de la forme de la trajectoire elle n'est dangereuse que pendant une partie de son parcours ; tant qu'elle se trouve à une hauteur dépassant 1m,90, elle ne peut atteindre personne.

L'inclinaison à donner au fusil, c'est-à-dire la détermination de la hausse à prendre, est donc particulièrement importante. Si le soldat commet une erreur sur ce point, il a beau être un adroit tireur, il ne peut atteindre le but. On procédait autrefois à la détermination de la hausse, par une série de tâtonnements et d'expériences successives ; les premiers coups se trouvaient généralement perdus. Lorsque les troupes avaient devant elles un ennemi qui se déplaçait, les indications que pouvaient leur fournir les salves précédemment tirées, étaient en partie annulées, les modifications de la hausse que causaient la marche en avant venaient donc entraver et même désorganiser la défense.

Dans les fusils en usage lors de la guerre de 1870, les balles ne conservaient leur hauteur que pendant 200 mètres. Or lorsque deux troupes sont aussi rapprochées, l'espace qui les sépare pouvant être franchi en moins d'une minute, le moment de la charge et du corps à corps était arrivé et l'on n'avait plus guère le temps de tirer, l'ennemi était là, la dernière cartouche partait et l'on croisait la baïonnette. On avait donc presque toujours à se servir de la hausse.

Dans les fusils récents, au contraire, les gaz produits par la détonation sont particulièrement puissants et la balle relativement petite et légère ; la résistance de l'air et la pesanteur ne font donc sentir leur action qu'à la longue, et la balle peut conserver une direction presque horizontale. pendant six cents mètres (1) ; on enseigne en France, par exemple, que pour toutes les courtes distances(2), on peut se servir de la même hausse. Il en résulte que l'erreur commise n'a pas d'importance ; lorsque le soldat vise le milieu du but et emploie la hausse de 400 mètres, la balle abat tout ce qu'elle rencontre sur une étendue de 600 mètres et, si le pointage a été exact, aboutit certainement au point visé (3), (4).

(1) De récents perfectionnements permettraient de porter cette distance à 1100 mètres. De Bloch, *La guerre*, t. VI, p. 4.

(2) Au-dessous de 600 mètres.

(3) Par suite de la force d'expansion des gaz, les déviations atmosphériques se trouvent également fort réduites.

(4) La précision du tir de l'artillerie est plus grande encore. Le prince de Hohenloë, l'un des principaux chefs de l'artillerie allemande, a montré d'une façon saisissante, qu'une batterie d'artillerie enfilant une route de 15 pas de largeur peut anéantir com-

2° *Rapidité du tir.*

Les techniciens se sont d'autre part attachés à faciliter au soldat le tir de son arme. Des mécanismes peu compliqués ont d'abord permis de placer rapidement la cartouche dans le canon (1), puis d'expulser la douille restée dans la culassse ; enfin par différents systèmes de chargeurs ou de magasins, placés dans l'arme même, on est arrivé à multiplier les coups qu'il est possible de tirer en un temps donné et par suite à augmenter considérablement la puissance du soldat. D'après les calculs de Jean de Bloch les fusils actuels fournissent actuellement plus de 12 coups, pour un seul coup tiré par les fusils antérieurs à 1867.

Cette rapidité serait même augmentée dans des proportions énormes, si l'on adoptait les fusils automa-

plètement, *raser* suivant son expression toutes les masses d'infanterie qui se trouvent sur cette route, sur une longueur de 7 kilomètres. (Prince de Hohenloë, *Lettres sur l'artillerie*, citées par Jean de Bloch, VI, p. 9.) On sait d'autre part que le nouveau canon français ne subit plus l'effet du recul, la dilatation des gaz recharge automatiquement la pièce.

(1) Jean de Bloch fait remarquer le progrès considérable réalisé de ce chef, dès avant 1870, par la préparation de cartouches pouvant être immédiatement placées dans le fusil. Mais les cartouches du fusil Chassepot se détérioraient facilement ; les étuis métalliques des cartouches nouvelles permettent de les conserver presque indéfiniment.

tiques récemment imaginés ; avec ces nouvelles armes, il n'est plus besoin de recharger l'arme après le premier coup ; il suffit de placer le doigt sur la détente, à chaque pression le coup part ; la force de recul est utilisée pour charger, armer et refermer la culasse (1).

Le nombre de balles lancées ainsi sur l'ennemi serait prodigieux d'après les expériences conduites en Belgiques (2). Un tireur exercé pourrait tirer non pas seulement de 12 à 16 coups, mais 60 coups par minute en visant et 78 sans viser, et comme il ne perd pas l'objectif de vue, son tir est infiniment plus ajusté. Evidemment le principal obstacle consisterait dans l'approvisionnement du tireur.

Quoiqu'il en soit d'ailleurs sur ce point avec l'arme actuelle, la puissance du soldat est considérablement augmentée ; un soldat de sang froid peut tirer comme dix et tenir tête à tout un groupe ennemi.

3° *Invisibilité du tireur.*

« L'ancienne poudre consistait dans un mélange pu-

(1) Jean de Bloch indique que ces fusils sont actuellement à l'étude en Allemagne ; s'ils étaient adoptées et si les cinq puissances devaient renouveler leurs armements, les dépenses à engager de ce chef atteindraient un total de 3.752 millions. (J. de Bloch, t. VI, p. 7).

(2) *Revue de l'armée belge*, juillet-août 1897, cité par J. de Bloch, t. VI, p. 5.

rement mécanique de salpêtre, de soufre et de charbon, dont l'inflammation dégageait beaucoup trop d'éléments qui ne concouraient pas à la production des gaz. » Le coup partait, une fumée intense sortait du canon et entourait le tireur d'un nuage épais ; une couche de crasse et de charbon se déposait à l'intérieur de l'arme et occasionnait des enrayages et des détériorations de l'arme ; le tir était malaisé, le soldat ne pouvant distinctement observer le but, l'ennemi était averti non seulement par le bruit des détonations, mais par des panaches de fumée qui indiquaient d'où provenait l'attaque ; il était d'autant plus à même de riposter que le coup partait de plus près. Aujourd'hui les poudres nouvelles, composées chimiquement, produisent le maximum d'effet utile ; elles ne dégagent presque pas de fumée ; un bruit sec difficile à localiser, et la balle arrive avec un sifflement rapide, une force de pénétration telle qu'elle peut faire successivement plusieurs victimes. D'où vient-elle ? d'ici, de là, on ne sait. Il faut pourtant se déployer pour répondre ? Mais où va-t-on frapper ? peut-être sur des amis ? On agit au hasard, ce n'est qu'au bout de quelques décharges et par des déductions incertaines qu'on peut décider la direction du tir.

Les manœuvres ne peuvent donner qu'une idée très

lointaine des difficultés qui surgissent : non seulement, l'ordre général des mouvements est connu ; mais les cartouches à blanc ne font pas de victimes, et une troupe qui depuis près d'une heure serait en réalité couchée par terre continue à s'avancer, refoulant le parti adverse, sans se préoccuper des coups qu'elle reçoit ; les petits groupes d'éclaireurs qu'elle détache en avant renseignent le commandement sur les positions ennemies ; ils seraient enlevés par les groupes ennemis, anéantis, broyés, et livreraient sans défense ceux qu'ils étaient censés couvrir. Aussi peut-on affirmer que ce ne sont pas des expériences de la valeur de celles qui se font chaque automne dans tous les pays de l'Europe, qui peuvent donner aux généraux l'idée seulement de la complexité de la tâche qu'ils auraient à remplir.

Il est cependant nécessaire de déterminer à l'avance les conditions de la bataille : la tactique, c'est-à-dire l'art de diriger les troupes, la préparation et la conduite au combat ne s'improvise pas au dernier moment. L'instruction du soldat comporte une série d'enseignements basés sur l'expérience et sur des déductions techniques ; il ne suffit pas aujourd'hui de marcher sur l'ennemi avec courage, il faut que chacune des unités prenne des formations appropriées à la tâche qu'elle doit remplir; que chaque homme soit dressé suivant les méthodes nouvelles, que les chefs se préoccupent de la façon de disposer leurs lignes de combattants, de faciliter leur action, de diminuer leur vulnérabilité, de comprimer l'ennemi, et de détruire, en même temps que sa force morale, ses moyens d'attaque et de défense.

De tout temps la tactique a eu la plus grande importance. Avoir une tactique appropriée aux moyens dont on disposait, à la nature de l'armement comme à l'esprit de l'armée, c'était le gage du succès. La bravoure des troupes Européennes est sensiblement la même dans tous les pays, et si, tour à tour, le succès a consacré les efforts militaires de tel ou tel peuple, c'est qu'il avait mieux adapté que les autres sa manière de combattre et ses ressources de tout genre. La tactique nouvelle inaugurée par les guerres de la Révolution et de l'Empire consacrait un progrès décisif (1) et c'est principalement le jour où les armées de la coalition instruites par leurs ennemis même, purent leur opposer

(1) Elle consistait notamment dans l'emploi d'une chaîne de tirailleurs lancée en avant qui jetait le désordre dans l'armée ennemie, on faisait ensuite la trouée.

la même organisation de combat, que la fortune se lassa de couronner les conceptions de Napoléon. La tactique prussienne en 1870 était incontestablement de beaucoup supérieure à celle que nous avions adoptée (1). Les troupes françaises, habituées aux guerres de l'Algérie et aux combats contre les arabes, se heurtaient sans profit contre les troupes nombreuses déployées contre elles, essayant, sans y parvenir, de les enfoncer, jusqu'au moment où elles se trouvaient elles-mêmes refoulées par les ennemis qu'un mouvement tournant ou enveloppant faisait surgir sur leur dos ou leur flanc avec une précision mathématique ; dès lors tout effort était superflu ; il ne pouvait plus s'agir que de couvrir la retraite ou de se rendre, la bataille était perdue.

Mais dans quelles campagnes le vainqueur de demain trouvera-t-il les éléments de son instruction ? Où forgera-t-il sa tactique ? Les réglements se succèdent sans pouvoir rien déterminer d'une façon positive ; les guerres heureusement peu nombreuses, qui ont éclaté depuis 34 années, ont mis aux prises des adversaires peu expérimentés, tous profondément différents de

(1) On avait distribué en France, les instructions rédigées en 1866 par le maréchal Niel, avant la transformation de l'armement.

ceux qui surgiraient sur le sol de l'Europe, le jour où un conflit terrible viendrait à éclater.

« Le général russe Skougarewski, les généraux allemands Pellet-Narbonne, von Janson, Müller, Rohne, démontrent l'impossibilité d'exécuter des attaques en suivant le réglement ; en France, la situation n'est pas meilleure. Le général Luzeux le remarque (1) : « Qui « n'a été frappé de la diversité d'opinions qu'on ren- « contre dans les manuels de nos Ecoles, et cela sur « des questions touchant aux principes *essentiels* de « la tactique ? Est-ce que les notions données aux offi- « ciers d'infanterie dans les écoles élémentaires concor- « dent avec ce qu'on leur enseigne à l'Ecole supérieure « de guerre ? Est-ce que l'enseignement de cette « Ecole supérieure est d'accord avec les cours de « l'Ecole d'application. Est-ce qu'on ne voit pas chan- « ger souvent et radicalement les idées émises dans les « chaires de l'Ecole supérieure de guerre ? C'est un « chaos d'idées et de principes qui s'entrechoquent, et « de ce choc ne sort pas un rayon de lumière... ». Un autre officier français, le colonel Mignot, dit qu'en réalité les procédés recommandés par les réglements officiels français les plus récents ne diffèrent pas essen-

(1) *Etudes de tactique*, Paris, 1890.

tiellement de la tactique qui fut établie à la suite de l'invention des armes à feu et de l'addition de la baïonnette au fusil, à une époque où ces fusils produisaient un effet environ cent fois plus faible qu'aujourd'hui.... « Est-ce que tous les progrès réalisés en balistique, qui ont renforcé la puissance définitive de l'infanterie, augmenté la mobilité et la force de l'artillerie n'auraient pas dû conduire à modifier la marche du combat actuel ? Est-ce que celui-ci peut rester ce qu'il était au temps des fusils à mèche, à silex et à baguette, sauf la seule différence que les mousquetaires s'appellent maintenant des tirailleurs (1) ».

Ainsi partout contradiction, confusion, ténèbres. Le lendemain d'une déclaration de guerre, les généraux, malgré les efforts considérables tentés jusqu'à présent, en seraient à élaborer une tactique nouvelle, à improviser des règlements ; les premiers combats seraient des expériences, dont les conséquences matérielles seraient sûrement atroces, mais dont les résultats pratiques seraient sans doute incertains et c'est dans ces conditions que le général allemand von der Goltz est amené à prononcer la célèbre parole : « la bataille fu-

(1) *Citations de Jean de Bloch*, p. 10.

ture est un sphinx dont personne n'a encore deviné l'énigme (1). »

Est-il possible de fixer quelques principes ? Sans doute. Tous les hommes de guerre et parmi les pacifistes, le premier, Jean de Bloch s'y sont efforcés. Principes insuffisants pour arrêter à l'avance l'ordonnance du combat, permettant néanmoins d'en comprendre l'horreur et d'en saisir les difficultés. Les relations d'événements récents et les récits de la guerre du Transvaal nous mettent à même de contrôler la valeur des constatations, l'exactitude des prévisions faites, il y a plusieurs années déjà, par tous ceux qui se sont occupés de ces matières. Placées à côté des démonstrations actuelles, les conclusions émises par Jean de Bloch apparaissent comme des vues prophétiques de l'avenir ; nous allons retracer les principales.

Il faut remarquer encore ici combien la tâche du commandement est devenue âpre et ardue. « Jadis, écrit Jean de Bloch, la situation était bien plus favorable. Napoléon, qui, comme le montre l'histoire de ses campagnes, avait toujours un plan de conduite du combat, faisait toutefois une large part aux incidents, d'après lesquels il modifiait son plan au cours même

(1) *De la conduite de la guerre.*

de l'action... Mais c'était bon dans un temps où, quoique les armées fussent déjà nombreuses, le commandant en chef tenait pourtant lui même tous les fils directeurs de combat, parce que grâce aux nuages de fumée, à la faible portée des armes et aux formations compactes des troupes, il pouvait suivre directement la marche de l'action ou se renseigner immédiatement avec exactitude sur toutes les péripéties, et avoir sous la main tout à côté de lui de puissantes réserves. A l'avenir, cette direction immédiate par le commandant en chef sera déjà bien plus difficile ; et pour conserver l'unité d'action peut-être sera-t-il nécessaire de s'en tenir plus strictement au plan une fois arrêté et aux objectifs spéciaux indiqués aux commandants des différentes unités...

Ce n'est pas seulement la tâche du commandant en chef, c'est aussi celle des commandants en sous ordre qui s'est notablement compliquée par suite de la dispersion des troupes (1), de leurs formations en ordre ouvert, et enfin de la difficulté de s'orienter qui résulte du peu de fumée de la poudre (2). »

« Si l'ennemi, déclare le colonel français B..., n'a

(1) De Bloch. *La guerre future*. Conclusions générales, t. VI, p. 52.

(2) *La poudre sans fumée* par, le colonel B...

que des renseignements vagues sur la position de son adversaire, forcément il devra s'avancer en ordre de marche, attendant pour se déployer qu'il possède des notions précises sur la situation de la ligne ennemie. Mais d'où tirera-t-il les indications qui lui sont nécessaires ? Ses têtes de colonnes seront canonnées vivement et avec précision ; il aura déjà subi des pertes considérables et aucun indice ne viendra lui apprendre d'où partent les coups. En vain il regardera, en vain il écoutera... Ne sera-t-il pas bien véritablement dans cette situation dont parle l'Ecriture : « Oculos habent et non videbunt ; aures habent et non audient. »

... La poudre sans fumée entraîne la prolongation des recherches, de l'incertitude, peut-être même des pertes avant que le commandant en chef ait pu se rendre compte de l'état réel des choses. En supposant qu'il ait devant lui un adversaire actif et intelligent, la période des hésitations peut entraîner des pertes énormes pour l'attaquer (1) ».

Le général Langlois confirme cette appréciation.

(1) Jean de Bloch cite à cet égard l'opinion de M. le Coumès. « Pour commander l'infanterie sur le champ de bataille il faut tellement savoir qu'il n'est pas une armée où sur 5 000 officiers on en trouve 100 capables de conduire une compagnie au feu. » (Coumès. *La tactique de demain*).

« Il faudra, dit-il (1) demain comme aujourd'hui, aujourd'hui comme demain, *aller voir* pour sortir d'indécision, c'est-à-dire attaquer. Ce mouvement offensif sera coûteux, surtout devant un adversaire non intimidé, qui ne craindra pas de laisser approcher à courte portée les antennes de l'assaillant et qui le mettra ainsi dans l'alternative ou d'aller à une mort certaine, ou de reculer sous un feu meurtrier, ou de se cramponner au sol en attendant l'arrivée de l'artillerie (2). »

Il suffit d'ailleurs de se reporter au récit des événements de la guerre du Transvaal pour être convaincu : avant le combat de Modder-River, par exemple, lord Methuen accompagné de deux officiers de son Etat-major fit une reconnaissance du pays jusqu'à la Riete. « Il y arriva sans être inquiété ; et ni lui, ni les patrouilles anglaises envoyées à la découverte n'éventèrent le moindre obstacle là où, 12 heures plus tard, on allait se heurter à plusieurs milliers de fédérés puissamment

(1) *L'artillerie de campagne en liaison avec les autres armes.*

(2) Certains engins nouveaux, les ballons par exemple, facilitent la tâche du haut commandement en permettant d'observer la position de l'ennemi. Mais dans quelle mesure ? Ne seraient-ils pas eux-mêmes des buts faciles à atteindre ? Pourraient-ils voir sans trop s'exposer.

Le dressage des chiens par l'armée allemande a également pour objet de faciliter la tâche du service des renseignements.

retranchés. Pendant le combat du lendemain, l'invisibilité des coups de feu tirés par les défenseurs était telle que, d'après un journaliste, témoin oculaire, la plupart des anglais ne se doutèrent pas un instant que leurs adversaires occupaient des tranchées sur la rive sud de la Riete. Ils croyaient qu'elles étaient toutes sur la rive nord (1).

Il en fut de même aux combats de Maggersfontein et de Stormberg, où l'artillerie anglaise alla jusqu'à

(1) *La guerre du Transvaal et les prédictions de Jean de Bloch*, par un témoin. Berne imprim. Büchler et Cᵒ 1903. Trad. française, page 33. L'auteur de cette très intéressante brochure cite à propos du combat de Modder River le passage suivant tiré d'un ouvrage de M. le capitaine Gilbert sur la guerre sud-africaine : « Les troupes anglaises ne savaient ce qu'elles avaient à faire et difficulté plus grave encore elles ignoraient à qui elles avaient à faire. On ne leur proposait pas d objectif, et en raison de l'invisibilité des Boers, elles ne pouvaient s'en assigner un bien défini.. Les tirailleurs embusqués derrière une tranchée échappent si complètement aux vues, *même en fournissant les feux les plus nourris*, que les Anglais de leur propre aveu combattirent toute la journée, sans se douter de l'existence des tranchées sur la Rive Sud. Le feu de leur artillerie et de leur infanterie n'eut jamais comme objectif que la Rive Nord et encore les emplacements des Boers sur cette Rive étant difficilement appréciables à l'éclair intermittent de leurs pièces, les artilleurs anglais durent-ils tirer, la plupart du temps, au jugé en concentrant leurs salves contre les maisons de Modder River ou les bosquets des îles (*La guerre sud-africaine*, page 207).

lancer ses obus contre sa propre infanterie ; au combat de Colenso, où, d'après le rapport officiel « il était presque impossible aux fantassins de discerner l'objectif de leurs feux », au combat de Venter-Spruit ; partout les Anglais marchaient en aveugles.

Les Anglais cherchaient cependant à envoyer des reconnaissances, à détacher en avant des troupes de cavalerie ou d'infanterie montée mais « une mission qui était facile à remplir à l'époque du fusil Henry-Martini devient extrêmement difficile, pour ne pas dire impossible, en présence d'un adversaire armé d'un Mauser. En admettant même que la cavalerie parvienne à s'approcher des avants-postes, elle est encore obligée de franchir une large zône battue par les feux, avant de pouvoir jeter un coup d'œil sur la position proprement dite (1). » Les reconnaissances à coups de canon, l'investigation des positions ennemies par le bombardement, n'ont guère plus de succès ; à Maggersfontein les Anglais tentèrent de ce procédé préconisé par les généraux allemands Von der Goltz et Bronsart von Schellendorf. Il échoua complètement. Malgré les

(1) Article d'un corresp. militaire du *Morning Post*, pendant la guerre du Transvaal cité dans l'ouvrage : *La guerre du Transvaal et les prédictions de Jean de Bloch*, p. 34.

« feux d'artifice » allumés par les Anglais, les Boers ne répliquèrent pas « soit parce qu'ils étaient impressionnés par la canonnade, soit parce qu'ils préféraient rester tranquillement assis dans leurs tranchées, au pied des Kopjes (1). » Les Anglais n'obtinrent ainsi aucun renseignement.

Une seconde conséquence non moins grave de la transformation de l'armement, c'est l'augmentation proportionnelle considérable des pertes en officiers. Tant qu'on ne voit pas l'ennemi les balles viennent frapper sans discernement, dès qu'il se trouve à bonne portée, le nuage de fumée ne vient plus envelopper les simples soldats et les chefs ; l'ennemi peut donc mieux diriger ses coups, il le fait d'autant plus facilement que l'arme dont il se sert est meilleure. La fumée jouait donc à ce point de vue le rôle d'une sorte de bouclier, qui n'existe plus. Ajoutez qu'on ne pouvait guère viser qu'aux petites distances. c'est-à-dire à un moment où le soldat impressionné par le voisinage de l'adversaire, n'a guère la possibilité de choisir son but — et sa victime ; — maintenant c'est à quatre ou cinq cents mètres que l'ennemi est atteint par un tireur isolé.

Sur ce point, les données de la guerre du Transvaal

(2) Id. *Ibid.*

sont encore pour appuyer les prévisions de Jean de Bloch ; au début de la campagne la proportion d'officiers tués ou blessés était énorme ; au combat d'Elandsgate on compte 36 officiers tués ou blessés et 238 sous-officiers et soldats, c'est-à-dire 23 o/o des officiers et 7,5 o/o de la troupe (1). Peu à peu les officiers durent se dépouiller de la plupart des attributs qui les distinguaient (2). La proportion resta néanmoins très forte (3) ; c'est que pour conduire il faut marcher en avant !

Comment donc se dirigera l'infanterie sur le champ de bataille, si peu à peu tous ses officiers tombent à terre ; n'est-il pas admis par tous que le rôle des officiers dans la prochaine guerre serait particulièrement important ; qui donc le remplira, qui donc entraînera, malgré l'averse de balles, les troupes de l'attaque vers les positions de la défense ?

(1) Les expériences faites dans les camps d'instruction en France donnent des résultats analogues.

(2) Ils durent abandonner leur uniforme, descendre de leur cheval et prendre le fusil. Les officiers de marine (Royal Marine Light Infanterie) refusèrent d'échanger le sabre contre le fusil ; au combat de Graspan, le corps perd 60 officiers ou sous-officiers ; deux officiers seulement sont épargnés. Voir *La guerre du Transvaal et les prédictions de Jean de Bloch*, page 53 et suiv.

(3) A Maggersfontein un officier sur deux ; dans le bataillon des Royal Highlanders 58,6 %.

Il importe en effet de le signaler, la défensive a acquis un avantage tout particulier, grâce aux modifications apportées aux fusils.

Désormais les troupes abritées derrière une levée de terre seront capables de braver un ennemi deux fois, quatre fois, peut-être dix fois supérieur en nombre, et on est même tenté d'affirmer que toute attaque de front est devenue impossible. Pourquoi ? Nous avons indiqué plus haut la plupart des motifs, la rapidité du tir, la tension de la trajectoire, l'invisibilité du tireur permettent au défenseur abrité de repousser toute attaque : à 300 ou 400 mètres son tir est aussi assuré qu'il l'était à 100 mètres en 1870 et il a, il doit avoir le sentiment très net qu'il se trouve hors de l'atteinte de son adversaire : tandis que l'assaillant parcourt cent mètres, un homme abrité peut lancer facilement huit balles à un moment où tout coup porte. Est-il exagéré de dire qu'une telle défense doit nécessairement briser l'assaut le plus impétueux ? (1).

(1) Jean de Bloch avait encore sur ce point produit des affirmations, que la guerre du Transvaal a confirmées ; l'exemple suivant tiré de « La guerre du Transvaal et les prédictions de Jean de Bloch » les illustre d'une façon saisissante.

« A 4 heures, le général Hart donna le signal de l'assaut et les troupes commencèrent de suite à gravir la colline. Le terrain *très coupé* ralentissait leur allure et le soleil allait se coucher

M. le général Langlois, dans son ouvrage *sur les conséquences tactiques des progrès de l'armement* (Paris 1903, p. 80), tout en reconnaissant qu'il sera désormais impossible de progresser sur des glacis étendus, battus par les feux de la défense, remarque

quand les Innigskillings arrivèrent à un point dépourvu de tout abri. Les retranchements boers se trouvaient à environ 400 yards (350 mètres) d'eux. L'arête par laquelle les Innigskillings s'avançaient était dénudée et balayée de front et de flanc par les feux des plus violents. Cette arête était si étroite que deux compagnies avaient peine à s'y déployer bien qu'il y en eut 4 sur la ligne de feu ; les compagnies de tête se levaient simultanément et s'élançaient au pas de course sur les ouvrages des Boers avec un entrain et une audace admirable.

Mais si les assaillants furent superbes, les défenseurs furent magnifiques et l'héroïsme dès Irlandais ne pouvait surpasser la ténacité énergique des Hollandais. L'artillerie redoubla ses efforts, tout le sommet de la hauteur était criblé d'obus.

... Une soixantaine de bouches à feu canonnaient sans relâche les tranchées boers. Quant à la mousqueterie, elle ne diminua pas d'intensité un seul instant.

... Calmes et intrépides à la fois, les Boers, debout devant leurs parapets, tiraient avec une efficacité des plus meurtrières. La terrible puissance du fusil Mauser se manifestait tout entière. Quand les compagnies entrèrent dans l'ouragan des balles, elles furent *balayées*, officiers et soldats tombaient par vingtaines. Bien que guettés de front et de flanc par la mort, les survivants continuèrent opiniâtrement leur marche en avant, jusqu'au moment où l'artillerie anglaise dut cesser le feu. Il semblait qu'en dépit des projectiles, la chair et le sang l'emportaient, mais à un moment suprême la faiblesse numérique de l'attaque devint mani-

qu'il est rare de trouver sur le terrain « des glacis découverts et à pente uniforme qui puissent être battus par des défenseurs abrités » ; « dans les opuscules où l'on prête à sa défensive tous les avantages, ajoute-t-il, il

feste. Les Innigskillings avaient presque atteint leur objectif, mais ils étaient trop peu nombreux pour achever leur mission. Quand les Boers s'aperçurent que l'attaque s'épuisait en vains efforts, ils tirèrent droit devant eux et quelques-uns des plus audacieux, sortant des tranchées, s'élancèrent au devant de nos soldats, puis déchargèrent leurs magasins à très courte distance. Ce fut une véritable scène de carnage.

Face à face avec les Boers, les Irlandais moururent plutôt que de lâcher pied. Cependant quelques-uns plus nombreux se replièrent en courant pour chercher un abri et firent ensuite volte-face pour se défendre. La plus grande partie des Anglais combattant en première ligne furent tués. A ce moment plusieurs compagnies des Connaught Rangers et quelques autres des Dublin Fusiliers ayant à leur tête le colonel Sitwell de ce dernier régiment s'élancèrent en avant, mais trop tard pour soutenir les Innigskillings et renouveler l'attaque.

Malgré tout, les soldats irlandais ne voulaient pas abandonner la colline ; convaincus enfin qu'ils ne pouvaient plus avancer ils se couchèrent sur le terrain conquis et commencèrent à construire des parapets et des abris d'où ils ouvrirent un feu meurtrier sur les Boers vainqueurs. Sur un effectif de moins de 1200 hommes engagés les Anglais avaient perdu dans les deux assauts 2 colonels, 3 majors, 20 officiers subalternes et 600 soldats. La nuit tomba et mit fin à cette sanglante tragédie. » (Récit de Winston Churchill, correspondant du *Morning Post*, témoin oculaire). La bataille dura 7 jours et mit aux prises 30.000 Anglais avec 12 batteries, 14 pièces de marine et les Boers, au nombre de 4.000 environ, avec 10 pièces de canon.

semble qu'on doive les rencontrer sur tout le front. En fait les glacis sont extrêmement rares et véritablement exceptionnels. »

L'observation de M. le général Langlois est sans nul doute fort exacte ; ce n'est que dans des cas tout à fait exceptionnels que la défense pourra trouver des positions *inexpugnables* ; ses troupes seront alors *indélogeables* ; mais puisque le défenseur peut, la plupart du temps, choisir son terrain, rien ne l'empêchera de rechercher pour s'y retrancher les glacis à pente douce qui favorisent singulièrement sa tâche. S'il n'en peut trouver, il aura néanmoins un avantage considérable sur l'assaillant ; il lui sera possible en effet, croyons-nous, de prendre sur les glacis bombés des positions de flanc qui lui permettront d'interdire à ses adversaires l'accès des défilés qui le mettent à même d'attaquer ; il placera dans certains cas en avant de sa ligne de défense, des groupes qui lui permettront de battre les pentes en avant de la ligne principale, et d'infliger à l'ennemi des pertes considérables, avant même de pouvoir sérieusement attaquer (1). Il demeure, en tout cas, que la défense a des

(1) M. le général Langlois dit en effet ceci :
« Dans la plupart des cas le terrain au lieu d'offrir des pentes étendues et constantes présente des glacis bombés sur lesquels

avantages considérables sur ses adversaires, qui résultent : 1° du choix de la position ; 2° de la facilité du tir. Il ne faut pas oublier en effet que les tirailleurs abrités et appuyés se trouvent dans une position excessivement favorable ; qu'ils ont pu repérer les distances, qu'ils peuvent infiniment mieux diriger leurs coups : alors que l'assaillant est obligé de se porter en avant, très probablement en rampant (1), de franchir en tous cas par bonds la distance qui le sépare du défenseur, celui-ci reste immobile et ne se découvre guère que pour tirer.

les vues sont courtes. Et les glacis sont plus dangereux pour le défenseur que pour l'assaillant, car ils obligent le défenseur à se porter et à rester en avant de la crête dans une situation découverte où l'artillerie adverse peut l'accabler des projectiles jusqu'à l'abordage par les troupes assaillantes ; aussi, loin de donner un appui aux troupes qui l'occuperaient de tels glacis deviendraient le plus souvent intenables sous le feu de l'artillerie ennemie ». N'est-il pas vrai que la conclusion de l'éminent tacticien suppose : 1° que le défenseur n'a pas sagement choisi sa position ; 2° qu'il n'a pas convenablement disposé son artillerie ; 3° que ses lignes de défenses sont toujours droites et non pas disposées en échelons ?

(1) « Les hommes devront marcher en ordre dispersé et afin d'échapper autant que possible à la vue de l'ennemi s'approcher en rampant, ou en se glissant à travers les inégalités de terrain et en se terrant comme des taupes ». Général Müller. *Die Entwickelung der Feldartillerie*. Cité par J. de Bloch, VI, p. 34.

Que les écrivains militaires s'accordent tous pour proclamer la nécessité de l'offensive, nous le trouvons fort naturel ; les opérations de guerre ne peuvent se concevoir sans l'offensive ; combattre c'est attaquer, ou réserver son attaque pour le moment où l'adversaire affaibli ne pourra résister ; mais les facilités particulières et indéniables données à la défense par la transformation de l'armement, rendent l'attaque beaucoup plus dangereuse ; elles la rendent par là même, beaucoup plus lente. Déjà la guerre de 1870 avait indiqué combien chaque mouvement en avant était pénible, lorsqu'on se trouvait en face d'un adversaire expérimenté, la guerre du Transvaal l'a marqué plus encore, et si le malheur voulait qu'elle éclate, la guerre de demain le prouverait. Tous les généraux le reconnaissent : les batailles de l'avenir dureront de longues journées ; deux jours au moins d'après le général Von Janson, cinq jours d'après le général Langlois ; le capitaine Nigotte déclare que leur durée sera de quinze jours, Fritz Hœnig, écrivain militaire prévoit « un retour au temps des sièges ». Belgrade, Mantoue, Plewna se répéteront. L'assaillant, incapable de remporter une victoire décisive s'efforcera de renfermer l'ennemi dans la position où il le trouvera en élevant lui-même des retranchements ; après quoi il commencera à faire des sorties pour s'opposer au ravitaillement des assiégés, jusqu'à ce que ceux-ci soient réduits par la famine »(1). Quant à la durée de la guerre, elle-même, il est impossible de la calculer.

« Nous admettons, déclare le général de Moltke, dans ses mémoires, qu'on ne verra pas se renouveler la guerre de Trente Ans, ni celle de Sept ans. Néanmoins quand des millions d'hommes s'aligneront les uns en face des autres et se livreront un combat acharné pour leur existence nationale, il est difficile d'admettre que la question se résolve par quelques victoires. ».

Derrière les fortifications enlevées se dresseront d'autres fortifications, plus redoutables encore ; en arrière des retranchements des fossés nouveaux se creuseront ; après une armée, une autre armée.

Au Transvaal trente mille combattants ont pu tenir 3 ans la campagne contre deux cent mille agresseurs ; tant qu'il demeurera, sur les deux ou trois millions d'hommes mis en avant, quelques centaines de mille hommes déterminés et résolus, la partie ne sera pas gagnée pour l'assaillant ; chaque progrès qu'il fera en pays ennemi diminuera ses chances en l'éloignant de

(1) Jean de Bloch. *Conséquences probables d'une guerre entre grandes puissances*, p. 21.

sa base d'opération et de ravitaillement et augmentera celles des défenseurs ; les victoires qu'ils remporteront ne pourront avoir qu'une importance morale, en affaiblissant chez le vaincu la volonté et la confiance en soi, mais elles seront chèrement achetées.

D'après les calculs les plus modérés, l'effort de l'envahisseur, pour conduire à des résultats décisifs, devra durer, non pas sept mois comme en 1870, mais au moins deux années entières ; nous allons montrer, cependant, qu'aucune nation d'Europe n'est capable de combattre si longtemps : d'autres faits vont en effet puissamment agir au point de transformer complètement la nature du conflit et sa portée ; nous les déterminerons en recherchant les conséquences économiques et totales du conflit.

CHAPITRE IV

—

LES TRANSFORMATIONS ÉCONOMIQUES ET SOCIALES

S'il est un axiome dont la valeur est au-dessus de toute contestation, c'est certainement celui-ci : « *l'argent est le nerf de la guerre* ». Pendant de longs siècles les conquérants de toute race et de toute nationalité ont affirmé et démontré sa valeur : amasser, durant les années de paix, des trésors assez importants pour subvenir aux besoins que créent les conflits armés, a été de tous temps la principale préoccupation des gouvernements. L'histoire de l'Europe peut apparaître ainsi comme une suite de périodes pendant lesquelles on accumulait des épargnes, que la guerre venait brusquement dilapider ensuite ; et la guerre était une opération analogue à celle que fait le joueur qui, chaque soir, risque sur le tapis vert l'argent qu'il a gagné dans la journée. Les princes allaient quelquefois jusqu'à jouer leurs gains du lendemain et le pain de leurs sujets, mais quels superbes bénéfices rapportaient les expéditions heureuses ! Ce n'était pas, seulement, d'immenses domaines mis à leur disposition et partagés entre leurs fidèles, de riches ennemis qu'ils pouvaient rançonner ou dont ils confisquaient les biens, c'était aussi un accroissement de la matière imposable et corvéable; la conquête d'un pays pauvre accroissait leur renommée, les conquêtes de pays riches décuplaient leur fortune.

La guerre est encore un plaisir de prince ; mais il semble que le métier ait été gâté; elle est moins lucrative qu'autrefois (1), elle coûte plus cher. L'opinion publique n'admet plus si facilement le pillage, même lorsqu'il est décoré du nom de prise ; augmenter le nombre de ses sujets, c'est bien souvent pour un monarque affaiblir son autorité, diminuer son pouvoir, créer des causes de désordre dans son empire ; en tous cas l'impôt a une destination très précise, et les délégués du peuple contrôlent presque partout l'emploi des fonds qu'il verse ; le maître d'un puissant territoire est

(1) Des réserves doivent être faites en ce qui touche les guerres extra-Européennes.

moins libre de disposer de son argent que tel rentier millionnaire.

Tout s'est radicalement transformé dans le monde depuis un siècle. Etre riche c'était posséder des territoires, c'est aujourd'hui posséder des créances ; il ne s'agit plus d'avoir des champs, des landes, des forêts, des châteaux ; une fortune tout entière tient dans un portefeuille ; on avait des droits réels sur des biens au soleil, on acquiert aujourd'hui des droits personnels contre des individus ou des groupements d'individus ; et ces droits se transmettent, se transforment, glissent, croissent, disparaissent quelquefois, avec une rapidité singulière ; le prêteur et l'emprunteur, l'associé et son associé ne se sont jamais vus. De quelle nationalité, de quelle culture intellectuelle, de quelle couleur sont-ils ? Peu importe ! Les seules questions qui préoccupent celui qui fournit son argent pour acheter des armes, percer des isthmes, construire des chemins de fer, exploiter des mines ou vendre du sucre, c'est le crédit de son débiteur, c'est-à-dire ses chances de remboursement et le taux probable du revenu, c'est-à-dire ses chances de bénéfices. Tel petit boutiquier de Paris, place ses économies dans une exploitation de pétrole en Russie, ou dans les mines d'or du sud de l'Afrique.

Si la richesse d'un pays consiste principalement

dans l'importance de son épargne et dans la valeur de ses ressources naturelles, on conçoit facilement que tous les pays se trouvent intéressés à la prospérité de chacun d'eux. Une guerre comme celle du Transvaal par exemple, était de nature à affecter financièrement non seulement les belligérants, mais tous ceux qui se trouvaient détenir des valeurs Sud-Africaines.

Toute nation qui a des capitaux engagés à l'étranger a donc intérêt à ce que les peuples avec qui elle entretient des relations économiques, ne soient pas atteints par la calamité d'une guerre ; lorsqu'elle possède des créances contre ses adversaires, lorsqu'elle se trouve elle-même, ou lorsque ses débiteurs se trouvent associés à des entreprises exploitées chez l'ennemi ou par l'ennemi, les ruines que la guerre occasionne rejaillissent sur ceux-là même qui les causent.

Par un phénomène caractéristique des dernières années du XIXe siècle, non seulement, après la guerre de 1870-1871, les émissions financières, le nombre des entreprises dont les titres se trouvent sur les marchés européens, ont considérablement augmenté (1) mais

(1) M. de Bloch calcule qu'en 1871 les émission de valeurs s'élevaient à 100 milliards, de 1871 à 1894 en vingt trois ans elles ont augmenté de 75 milliards (*Conséquence probable d'une guerre*, p. 90.)

encore elles se sont internationalisées ; les chances de perte, en cas de guerre, déprécient donc non seulement un groupe déterminé de valeurs, mais par contrecoup presque toutes les valeurs des marchés européens. Lorsque, en février 1904, le Japon eut déclaré la guerre à la Russie, toutes les valeurs inscrites aux cotes de Paris, de Londres et de Berlin subirent un mouvement de recul considérable. C'est que les porteurs de ces valeurs prévoient non seulement la baisse énorme que ferait subir à leur portefeuille une conflagration générale, mais les perturbations qu'une guerre même localisée occasionne dans toutes les entreprises (1).

Une guerre lointaine ébranle donc le crédit de toutes les nations. Qu'en serait-il d'une guerre en Europe ?

Il faut tout d'abord rappeler que les hostilités ne seraient pas restreintes à une région déterminée ; par suite du système d'alliances adopté, on se battrait à la fois sur les bords de la Moselle et de la Vistule, au pied des Alpes et des Vosges. Toutes les forces de cinq

(1) Les réalisations de valeurs occasionnées par le mouvement de baisse viennent encore augmenter le recul ; elles sont balancées actuellement par un mouvement inverse d'achat qui ne se produirait certainement pas dans le cas d'une guerre Européenne ; les détenteurs des capitaux perdraient dans ce cas à garder leurs

puissances, sur les six qui se partagent la suprématie, se trouveraient mobilisées. La crise financière serait

fonds disponibles. Le tableau ci-dessous peut donner une idée de l'importance du mouvement.

Nom des valeurs	Bourse où elles s'échangent	Cours au			
		6 février avant la déclaration de guerre	10 février	22 février	1er mars
Fonds d'État :					
Anglais consolidés	Paris	87 75	86 80	86 50	86 »
3 °/0 Français . .	id.	97 52	96 »	95 25	94 85
Italien	id. .	102 10	100 20	99 »	98 95
Brésil 4 °/0 . . .	id.	77 10	74 50	73 25	73 20
Turc unifié . . .	id.	85 97	80 90	76 80	77 70
Russe consolidé 4 °/0.	id.	95 85	90 »	92 »	93 70
Allemand 3 °/0 . .	Berlin	91 70	90 »	89 »	»
Valeurs industrielles :					
Charbonnages Lens	Lille	756 »	751 »	»	»
Sosnowice (valeur russe)	Paris	1535 »	1429 »	»	»
Suez.	id.	4065 »	3970 »	»	»
Crédit Lyonnais .	id.	1100 »	1067 »	1048 »	»
Rand mines (valeur Sud-Africaine) . .	id.	232 »	223 »	»	222 »
Goldfields (valeur Sud-Africaine) . .	id.	152 50	142 »	»	»
Disconto (valeur allemande)	Berlin	191 90	184 20	»	»
Deutsche Bank . .	id.	222 70	215 50	212 50	»
Rio Tinto	Paris	1221 »	1100 »	»	1175 »

dans ces conditions beaucoup plus intense que celle qui résulte d'une guerre asiatique, et elle se trouverait multipliée par cinq ; tous les fonds d'Etat seraient brusquement jetés sur le marché et ne trouveraient pas d'acheteurs ; les hommes valides étant appelés sous les armes, les industries s'arrêteraient partout, le commerce serait paralysé, le prix des denrées augmenterait dans des proportions fabuleuses. Chacun des gouvernements en conflit aurait à faire face à des dépenses absolument écrasantes, et son crédit serait profondément atteint.

Envisageons d'abord les frais de mobilisation et d'entretien des armées, pour en venir ensuite aux frais nécessaires pour subvenir aux besoins des non-combattants.

1° *Dépenses de mobilisation et d'entretien des armées* :

Depuis de longues années déjà, les puissances préparent des munitions, des armes, des vêtements pour équiper leur troupes ; bien que les doutes les plus sérieux soient permis à cet égard, on doit supposer que les approvisionnements seront suffisants et admettre que de nouvelles dépenses ne seront pas engagées de ce chef.

La plus grosse difficulté proviendra donc des dépenses d'alimentation ; les besoins en provisions de bouche seront énormes. Les moyens de ravitaillements longs et compliqués « les communications par mer « seront interrompues dès le début de la guerre... les « contrées dépourvues de blé et qui le font venir par « mer supporteront par conséquent et en dehors des « frais de guerre des surtaxes énormes pour l'appro- « visionnement en blé (1). » Or, en temps normal, la plupart des pays d'Europe manquent de blé; en France c'est pendant 36 jours que la population se nourrit de blé étranger chaque année; en Italie 75 jours; en Allemagne 102 jours; en Angleterre 274 jours; en temps de guerre le déficit sera plus grand encore, car le pillage des convois aura pour conséquences l'inutilisation d'une partie des ressources.

« Stein calculait, déclare M. de Bloch, à une époque où les armées n'avaient que 1/5 de leurs effectifs actuels, et où il n'était pas encore question de l'interruption des communications maritimes — qu'en temps de guerre, les vivres coûteraient le triple de ce qu'ils coûtent en temps de paix. Un autre auteur, Kottié, suppose que même en Autriche, pays qui dispose d'un excédent de céréales, sa hausse atteindra 60, voire même 100 o/o des prix ordinaires (2) ». Mais

(1) J. de Bloch. — *Evolution de la guerre*, IV p. 58.
(2) J. de Bloch, *loc. cit.*, IV, p. 58.

si la guerre se prolongeait au delà d'une année, la plupart des agriculteurs ayant été enlevés aux travaux des champs, c'est dans des proportions inouïes qu'il faudrait augmenter le chiffre ci-dessus ».

En faisant abstraction de ces causes de renchérissement et en prenant pour base des dépenses d'une guerre déjà lointaine, la guerre Russo-Turque de 1876-77, il est possible d'évaluer le prix de l'entretien d'un soldat en campagne : le chiffre admis par Jean de Bloch pour la Russie est de 2 roubles et demi par jour, soit environ *dix francs*. Il en résulte que les dépenses à prévoir pour l'effectif des armées Européennes sur le pied de guerre seraient d'environ 105 millions par jour, dont 25 millions 1/2 à la charge de la France (1).

2° *Autres Dépenses.*

Mais les Etats de l'Europe n'auraient pas seulement à leur charge les combattants. Déjà en temps de paix, ils se trouvent obligés de distribuer des se-

(1) Il est certain que les soldats russes ont moins de besoins que les soldats d'Europe occidentale. A tous égards les chiffres indiqués ci-dessus sont donc inférieurs à la réalité probable. Si l'on prend comme base les dépenses de la guerre du Transvaal, il faudrait les QUADRUPLER. Voir J. de Bloch. — *Évolution de la guerre*, IV, p. 60 *et conséquences probables...* etc., p. 93.

cours aux familles des réservistes et des territoriaux nécessiteux ; or dans le cas de guerre tous les hommes valides, c'est-à-dire tous ceux dont le travail quotidien soutient la famille, partiraient, et pendant de longs mois. Comment vivraient pendant ce temps les vieillards, les femmes et les enfants ? Il est inutile d'envisager le cas où les économies réalisées pendant les années précédentes suffiraient à alimenter le ménage. Dans 50 o/o au moins des cas, les économies n'existent pas ; les ouvriers ne peuvent pas songer à amasser ; dans tous les cas elles seraient insuffisantes, car par suite de la baisse des valeurs, de la difficulté qu'éprouveront les établissements d'épargne à rembourser les dépôts, du renchérissement des denrées, de la lenteur des opérations militaires, il faudra des sommes relativement considérables pour assurer la nourriture des familles. Tous ceux qui ne partiront pas pour l'armée devront donc travailler, mais le pourront-ils ?

Les professions agricoles, (1) autant du moins qu'elles ne seront pas rapprochées du théâtre des opérations, ne se trouveront pas atteintes. En sera-t-il de même des professions commerciales ou industrielles ? Peut-on brusquement éliminer du monde des affaires tous

(1) Sur cent recrues en France il y a près de 45 cultivateurs, en Allemagne 41.

les hommes valides, sans qu'il en résulte des perturbations considérables? Peut-on admettre que dans les fabriques, les usines, on remplacerait les hommes par des femmes ou des enfants? Que l'élévation des prix des denrées et des matières premières, du charbon par exemple, dont les stocks seront réquisitionnés par les autorités militaires et ne se renouvelleront plus, n'empêcheront toute exploitation industrielle? Que les commerces de luxe ne seront pas immédiatement arrêtés, à défaut d'acheteurs? Incontestablement toute la vie économique sera suspendue, toute une partie de la population se trouvera à la charge de l'Etat, et, (quelque grands que soient les sacrifices que la nation s'impose), sur le point de mourir de faim.

Ce n'est donc pas 25 ou 30 millions par jour que la France aurait à dépenser, ce n'est pas une centaine de millions que chaque jour la guerre coûterait à l'Europe; ce sont des sommes de beaucoup supérieures, qui s'accroîtraient sans cesse en même temps qu'augmenteraient le prix des denrées, l'avilissement des valeurs mobilières, en même temps que diminueraient les épargnes de chaque famille, en même temps que la guerre se prolongerait.

Il faudra cependant trouver de l'argent pour remplir ce gouffre sans cesse grandissant.

Dans les premiers jours, de graves difficultés naîtront déjà. Les besoins de la mobilisation exigeront en effet pour la France et la Russie seulement 642 millions, pour les Etats de la Triple Alliance 618 millions (1) ; d'autre part la plupart de ceux qui ont des fonds à la Caisse d'Epargne les retireront ; comme ces fonds sont généralement employés en fonds d'Etat et que la rente dans tous les pays subira une dépréciation, les différents gouvernements feront une perte notable de ce chef ; or les sommes déposées s'élèvent à plus de DIX-HUIT MILLIARDS (2).

Mais tous les Etats possèdent des sommes relativement considérables qui seront employées aux premiers besoins : ce sont les encaisses métalliques des banques nationales « en temps de guerre les gouvernements ne se feront aucun scrupule de mettre la main

(1) D'après les chiffres recueillis pour la guerre Russo-Turque. J. de Bloch. *Conséquences probable d'une guerre*, p. 93.

(2) Les chiffres suivants sont donnés par J. de Bloch, *Ib.*, p. 94.

Allemagne	6	milliards	911	millions
France	4	—	740	—
Autriche	3	—	698	—
Italie	1	—	879	—
Russie	1	—	186	—
	18	milliards	414	millions

sur ces trésors qu'ils n'ont pas pris la peine d'accumuler, en autorisant ces établissements à suspendre leurs paiements en espèces (1) ». Expédient? soit! ce sera une sorte de banqueroute que feront les banques, et en définitive, le public en souffrira, et les Etats perdront d'un côté ce qu'ils gagneront de l'autre ; ils augmenteront l'importance de leurs ressources disponibles, mais accroîtront aussi le nombre des familles qui auront besoin de secours publics. C'est en tous cas une somme totale de 4 ou 5 milliards tout au plus que la Russie, l'Allemagne et la France pourront

(1) De Molinari. — *Grandeur et décadence de la guerre*, p. 240. M. de Molinari établit ainsi qu'il suit l'encaisse métallique des Banques d'Etat.

	Millions fin 1891	Millions fin 1897
Autriche-Hongrie	139	651
Allemagne	1 127	721
Italie	225	303
France	1 337	1 918
Russie	1 426	2 421
Angleterre	557	996
	4 811	7 013

Il est nécessaire de faire remarquer qu'une partie notable de cette encaisse est en monnaie d'argent et n'a qu'une valeur nominale.

trouver de cette manière, à peine suffisante pour solder les dépenses de leurs armées pendant deux ou trois mois (1).

Il faudra donc dès le début de la guerre recourir à l'emprunt, à un emprunt presque totalement placé à l'étranger, en dehors des puissances belligérantes. A quel taux emprunter dans des conditions semblables forcément à des taux tout-à-fait onéreux, usuraires, et l'émission de l'emprunt aurait encore pour conséquence de provoquer la baisse de tous les fonds d'Etats, de toutes les valeurs qui se trouveront sur le marché ; quels que soient les avantages que promettent successivement les gouvernements emprunteurs, il n'est pas sûr qu'ils trouveront de l'argent (2).

On recueillera de la sorte, en Europe et en Amérique, deux, trois, peut-être quatre milliards ; successivement chacun des belligérants auront recours à des emprunts ; chaque fois les conditions de l'émission

(1) En supposant que le gouvernement Français puisse emprunter de la sorte 1 200 millions à la Banque, de France, ce qui paraît le maximum, et en prenant comme chiffre de dépenses minimum 30 millions par jour, l'emprunt serait épuisé en 40 jours.

(2) L'emprunt Morgan émis par la France pendant la guerre de 1870 n'a pas été couvert et cependant l'ensemble des avantages offerts aux souscripteurs dépassait 10 % du capital demandé.

seront plus onéreuses, mais un seul pays dépensera un milliard en un mois ; l'argent sera aussi vite dissipé que lentement obtenu.

Or, nous l'avons vu, ce n'est ni un, ni deux, ni même dix mois qui suffiront à assurer le succès du vainqueur ; aucune nation, quels que soient son crédit et son courage, ne sera donc capable de supporter l'effort nécessaire pour contraindre ses adversaires à mettre bas les armes et à accepter ses volontés ; elle donnera sans doute toute son énergie, emploiera toute sa force ; dans l'état actuel de l'Europe, elle n'arrivera qu'à s'épuiser et à compromettre sa propre existence.

Toutes les puissances qui auront pris part à la lutte seront pareillement brisées, anéanties (1). Qui donc imposera la paix ? Quel peuple, après les tueries, après

(1) M. le général Von der Goltz, dont nous avons fréquemment eu l'occasion de citer le nom et qui, actuellement, commande le 1er corps d'armée allemand, dit à cet égard, dans l'hypothèse d'une conflagration européenne : « *Les ressources économiques prendront fin avant que les forces armées soient épuisées*, vu que les opérations en France doivent nécessairement avoir un caractère traînant. Une guerre contre la Russie ne pourrait en aucun cas se terminer en une campagne, il en faudra toujours plusieurs pour arriver à un résultat quelconque. On peut prédire que les guerres ne pourront se terminer autrement que par la complète destruction ou l'épuisement entier des deux belligérants. » (cité par J. de Bloch. *Ev. de la guerre*, page 60).

les semaines et les mois de souffrances, se soulèvera et criera qu'il faut cesser, qu'il ne faut plus faire le mal, que les gouvernés ont suffisamment expié les fautes de leur gouvernement? Les tierces puissances interviendront-elles, feront-elles comprendre aux belligérants qu'il est temps d'arrêter les flots de sang? Peut-être!

Ce qu'on peut affirmer c'est que les guerres futures causeront en Europe des douleurs, des souffrances dont nul ne peut avoir l'idée, et ne dureraient-elles qu'une année, qu'elles laisseront l'Europe entière en ruines, sans force, sans avenir, comme si une invasion de barbares, déchaînée parmi nous, avait massacré tous les hommes adultes, pillé les trésors, réduit à la famine les vieillards, les femmes et les enfants (1).

Est-ce à dire que la guerre n'éclatera point? Nullement. La guerre serait impossible si les hommes se conduisaient d'après les principes que leur dicte la

(1) Un exemple bien typique nous est donné par l'Angleterre qui est épuisée par la guerre du Transvaal, et cependant cette guerre faite par des mercenaires contre 30.000 hommes à peine ne saurait être comparée à une guerre en Europe. Les impôts ont augmenté dans d'énormes proportions, le commerce est atteint, les consolidés qui atteignaient le pair en 1899 oscillent maintenant entre 87 et 88 francs.

raison ; la guerre est simplement désastreuse, mais les hommes ont le droit de commettre des folies.

Ce qui résulte des constatations que nous avons pu faire ou que nous avons essayé de résumer, ce qui résulte des démonstrations de Jean de Bloch, c'est simplement ceci. Les conditions dans lesquelles se fait la guerre sont, depuis trente ans, complètement transformées. Aussi bien au point de vue militaire qu'au point de vue économique et social, une évolution s'est produite ; les nations doivent en tenir compte dans leur politique étrangère. La guerre était jusqu'à présent un terrible malheur, elle est devenue aujourd'hui une calamité sans exemple et sans nom, il est interdit de l'oublier.

Et si l'on s'adressait à la France on pourrait ajouter ceci : Puisque tout en voulant la paix, il faut préparer la défense nationale, puisqu'il faut prévoir le cas où la patrie serait attaquée et son existence en danger, il est nécessaire de se souvenir du caractère des luttes futures et d'adapter à des fins nouvelles, des moyens nouveaux. Sans doute la France doit se préoccuper du nombre de ses ennemis et par conséquent du nombre de ses soldats ; elle faillirait cependant si elle ne se rendait compte que ce n'est pas sur le champ de bataille seulement que se décidera le succès des guerres futures.

Le vainqueur sera celui qui saura rompre l'élan de ses adversaires, user leur effort, leur opposer sans cesse de nouveaux obstacles et, tout en ménageant ses propres ressources, épuiser celles de ses agresseurs. Augmenter indéfiniment le nombre des soldats et ne pas craindre de paralyser l'essor économique de la nation, c'est préparer la défaite, ou la faciliter.

Paris, Mars 1904.

SAINT-AMAND, CHER. — IMPRIMERIE BUSSIÈRE

www.ingramcontent.com/pod-product-compliance
Ingram Content Group UK Ltd.
Pitfield, Milton Keynes, MK11 3LW, UK
UKHW021908260726
13966UKWH00006B/1286